Ysgrifennwyd gan Dawn Sirett
Lluniau gan Rachael Hare, Louise Dick, Karen Hood, Kitty Glavin, Victoria Palastanga, Kate Bull, Anna Kluska
Ymgynghorydd Addysgol Penny Coltman
Cynlluniwyd gan Rachael Hare, Louise Dick, Karen Hood, Charlotte Bull, Polly Appleton, Victoria Palastanga, Claire Patane
Gwaith Golygyddol Ychwanegol Sally Beets
Gwaith Dylunio Ychwanegol Jaileen Kaur, Rajesh Singh Adhikari, Rajdeep Singh
Rheolwr Golygyddol Penny Smith
Golygydd Rheoli Celf Mabel Chan
Cynhyrchydd, Cyn-gynhyrchiad Nadine King
Cynhyrchydd Inderjit Bhullar
Addasiad Cymraeg Sioned Lleinau

Cyhoeddwyd gyntaf yng Gymraeg yn 2023
gan Rily Publications Ltd, Blwch Post 257, Caerffili, CF83 9FL

Cyhoeddwyd gyntaf yn Mhrydain yn 2018
gan Dorling Kindersley Limited
80 Strand, Llundain, WC2R 0RL

Hawlfraint © 2018 Dorling Kindersley Limited

Hawlfraint y fersiwn Gymraeg © 2023 Rily Publications Ltd.

ISBN: 978-1-80416-254-5

Mae tudalen 7 yn cynnwys gwybodaeth sector cyhoeddus a drwyddedir o dan Drwydded Llywodraeth Agored v3.0. 100 geiriau amledd uchel yn eu trefn: Tablau gan: Masterson, J., Stuart, M., Dixon, M. a Lovejoy, S. (2003) Cronfa Ddata Geiriau Printiedig: prosiect dan nawdd y Cyngor Ymchwil Economaidd a Chymdeithasol, R00023406.

Llythrennau a Synau: Strategaeth Genedlaethol Egwyddorion ac Arferion Ffoneg Ansawdd Uchel Cynradd. 00281-2007BKT-EN © Crown copyright 2007

Cedwir pob hawl.
Ni chaniateir atgynhyrchu unrhyw ran o'r cyhoeddiad hwn, na'i storio na'i gyflwyno i system adalw, na'i drosglwyddo, mewn unrhyw ffurf, na thrwy unrhyw gyfrwng (electronig, mecanyddol, llungopïo, recordio, neu fel arall), heb ganiatâd ysgrifenedig ymlaen llaw gan berchennog yr hawlfraint.

Argraffwyd a rhwymwyd yn China

Mae'r cyhoeddwyr yn cydnabod cefnogaeth ariannol
Cyngor Llyfrau Cymru

www.rily.co.uk

CYMYSGEDD
Papur | Yn cefnogi coedwigaeth gyfrifol
FSC® C018179

Gwnaethpwyd y llyfr hwn gyda phapur cymeradwy gan y Forest Stewardship Council® (Cyngor Stiwardio Fforestydd®) i ddynodi ymrwymiad y cyhoeddwyr i ddyfodol cynaliadwy.

1000 o EIRIAU Gwych

twît! twît!

RILY

Canllaw defnyddiol ar gyfer rhieni

Gellir defnyddio'r llyfr hwn gyda phlant sydd heb ddysgu darllen eto a chyda darllenwyr cyntaf. Mae pob tudalen yn llawn lluniau, yn hwyl i'w darllen, ac yn ffordd wych i helpu sgiliau iaith a llythrennedd plant.

Tudalennau llun-a-gair

Mae'r rhan fwyaf o'r llyfr hwn yn cynnwys tudalennau llun-a-gair sy'n llawn enwau, yn ogystal ag ambell ferf ac ansoddair. Amcan y tudalennau yma yw ehangu geirfa a gwybodaeth eich plentyn.

Tudalennau stori

Ceir pum stori syml i'w darllen hefyd sy'n cyflwyno geiriau mwy defnyddiol, yn rhoi geiriau yn eu cyd-destun, ac yn hybu sgiliau ysgrifennu brawddegau ac ysgrifennu stori.

Sut i helpu eich plentyn i gael y gorau o'r llyfr hwn

Mae pob tudalen yn cynnig llawer o gyfleoedd ar gyfer siarad a dysgu. Mwynhewch yr anturio a'r sgwrsio gyda'ch gilydd. Tynnwch sylw at bethau sydd o ddiddordeb i'ch plentyn. Er enghraifft, gallech ddweud, "Edrycha ar y teigr hwn! Fedri di ruo fel teigr?" neu "Pa ffrwythau wyt ti'n eu hoffi?"

Peidiwch â rhuthro'r plentyn. Gadewch iddo/iddi arwain a throi'r tudalennau. Rhowch y gorau iddi os ydynt wedi blino, a dewch 'nôl at y llyfr rywbryd arall.

Plant sydd heb ddechrau darllen eto

Tynnwch sylw at y lluniau wrth i chi ddarllen y geiriau a'r brawddegau i'w helpu i adnabod pethau, a dangos y cyswllt rhwng y lluniau a'r geiriau.

Plant sy'n dechrau darllen

Wrth iddynt ddarllen, neu wrth i chi ddarllen gyda'ch gilydd, pwyntiwch at y geiriau, neu gofynnwch i'r plentyn bwyntio, er mwyn datblygu eu gallu i adnabod llythrennau a geiriau.

Dilyn y storïau

Gall y rhai sydd heb ddechrau darllen eto, a'r rhai sy'n dechrau darllen, ddilyn y storïau drwy redeg eu bys ar hyd y llinell doredig. Mae hyn yn hybu eu sgiliau echddygol manwl hefyd.

Gemau a chwestiynau syml "A weli di?"

Ceir gemau a chwestiynau syml "A weli di?" ar y tudalennau llun-a-gair sy'n hybu dysgu. Gall fod angen help ar eich plentyn gyda'r rhain, neu efallai y bydd eisiau i chi ymuno ac ateb gyda'ch gilydd.

Yn fwy na dim, dilynwch ddiddordebau eich plentyn, siaradwch am y pethau y maen nhw'n eu mwynhau, canmolwch yn gyson wrth iddo/iddi ateb yn gywir, a mwynhewch!

Nodyn am eiriau amledd uchel

Geiriau amledd uchel yw'r geiriau hynny sy'n ymddangos amlaf mewn llyfrau a mathau eraill o ysgrifennu. Nid enwau, berfau ac ansoddeiriau yw'r rhain, ond yn hytrach geiriau defnyddiol megis "y/yr", "a/ac", "ef/fe/hi" a "fi/fy" ac ati.

Wrth i blant ddechrau darllen yn yr ysgol, maen nhw'n dysgu geiriau amledd uchel am y bydd y geiriau yma'n eu helpu i wneud synnwyr o frawddeg. Am ei bod hi'n anodd creu synau i'w cyfleu, mae plant yn ymarfer eu dysgu o'u gweld.

Mae'r llyfr hwn yn cynnwys rhai geiriau amledd uchel, yn enwedig yng nghyswllt y cwestiynau a'r tudalennau stori. Ceir rhestr o'r 100 gair amledd uchaf cyntaf o'r *100 gair mwyaf cyffredin yn Gymraeg* isod. Mae'r rhain yn ôl trefn amledd.

a (*and*)	ag	es i	bachgen
ac	bod	heb	merch
i	bob	hefyd	dyn
ar	hi	i gyd	menyw
at	hwn	aeth	roedd
am	hon	arall	rwyf
yr	gan	beth	rydw i
y	chi	fel	car
yn	ein	hyn	coch
yw	eu	dim	glas
na	gyda	ydw	roeddwn i
ni	cael	yna	roeddet ti
mae	nhw	yma	roedden nhw
fi	pan	rhai	roeddech chi
fe	pam	rhoi	rydyn ni
fy	pwy	lle	ochr
i'r	pob	bach	oed
ti	wedi	mawr	ôl
tŷ	sydd	ci	tu ôl
o	â (*with*)	cath	hapus
o'r	mam	bydd	helpu
ond	tad	byw	da
un	os	gallu	dau
ei	oes	gweld	du
a'r	er	hen	tri

Cynnwys

Fi a fy nghorff	8
Teulu a ffrindiau	10
Pethau i'w gwisgo	12
Bwyd a diod	14
Stori: **Diwrnod prysur**	16
Yn y tŷ	18
Teganau ac amser chwarae	20
Yn y gegin	22
Hoff anifeiliaid anwes	24
Stori: **Stori Tinc**	25
Yn yr ardd	26
Disgrifio pobl	28
Yng nghefn gwlad	30
Yn y ddinas	32
Stori: **Chwarae ysgol**	34
Ar y fferm	36
Anifeiliaid gwyllt	38
Anifeiliaid yr afon, y llyn a'r môr	40
Ar wib!	42
Stori: **Awn am dro …**	44
Geiriau swnllyd! Geiriau swnllyd anifeiliaid!	46
Pobl a'u swyddi	48
Pob math o lefydd	50
Lliwiau, siapiau a rhifau	52
Amser, y tymhorau a'r tywydd	54
Amser stori	56
Stori: **Beth am greu stori?**	58
Geiriau gwych!	60
Cydnabyddiaethau	61

Fi a fy nghorff

Pa liw yw dy **lygaid**?
Ydy dy **wallt** yn hir neu'n fyr?

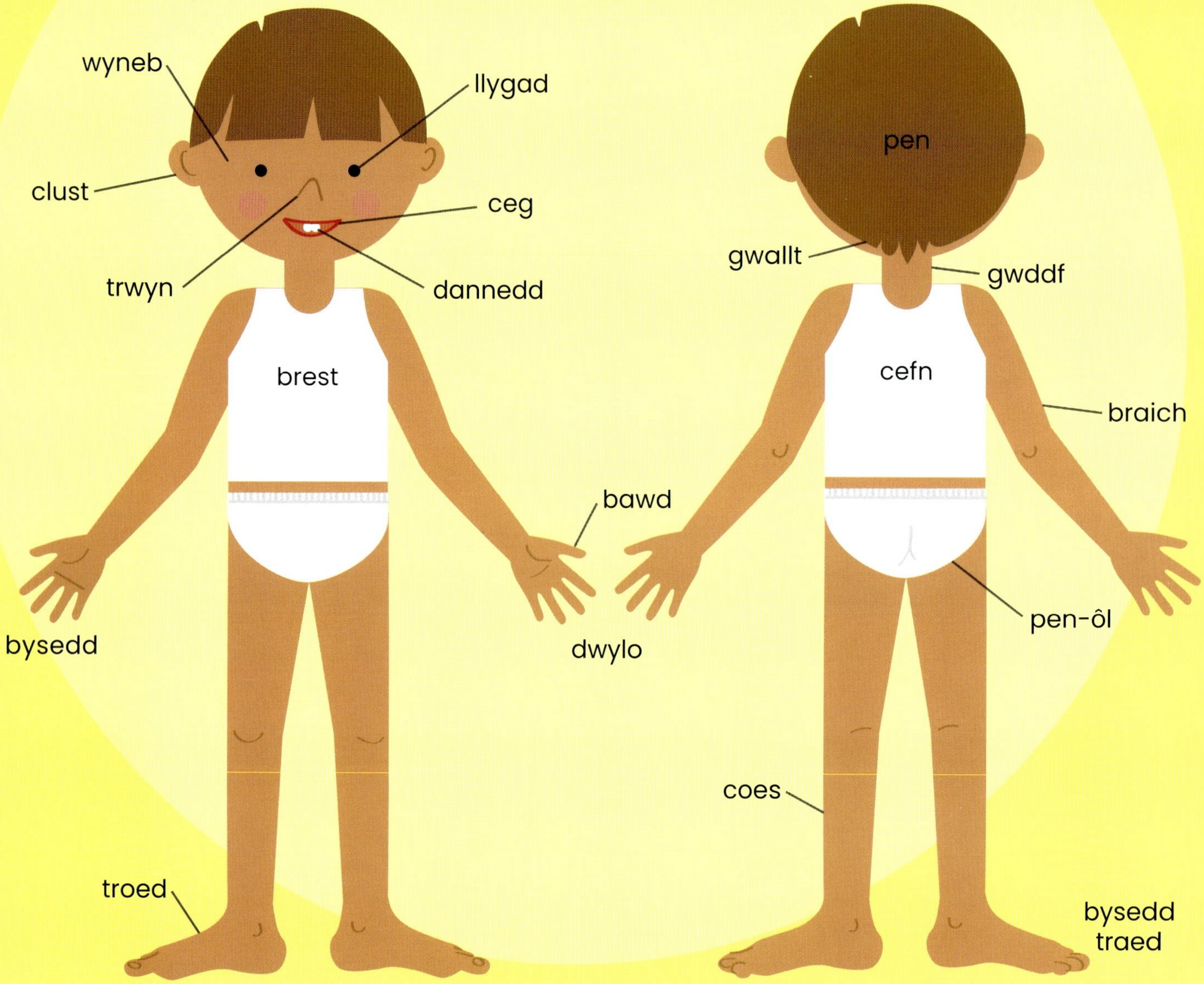

- wyneb
- llygad
- clust
- ceg
- trwyn
- dannedd
- brest
- bysedd
- bawd
- dwylo
- troed
- pen
- gwallt
- gwddf
- cefn
- braich
- pen-ôl
- coes
- bysedd traed

Gofalu amdanaf fy hun

brwsh gwallt   sebon   siampŵ   eli haul   brwsh dannedd   hancesi (i chwythu fy nhrwyn)

Gwneud pethau

Rwy'n gallu ...

| eistedd | sefyll | cerdded | siarad | gwrando |

| chwerthin | neidio | dawnsio | rholio | ymestyn |

| cydbwyso | plygu | gorymdeithio | curo dwylo | codi llaw |

Fy synhwyrau

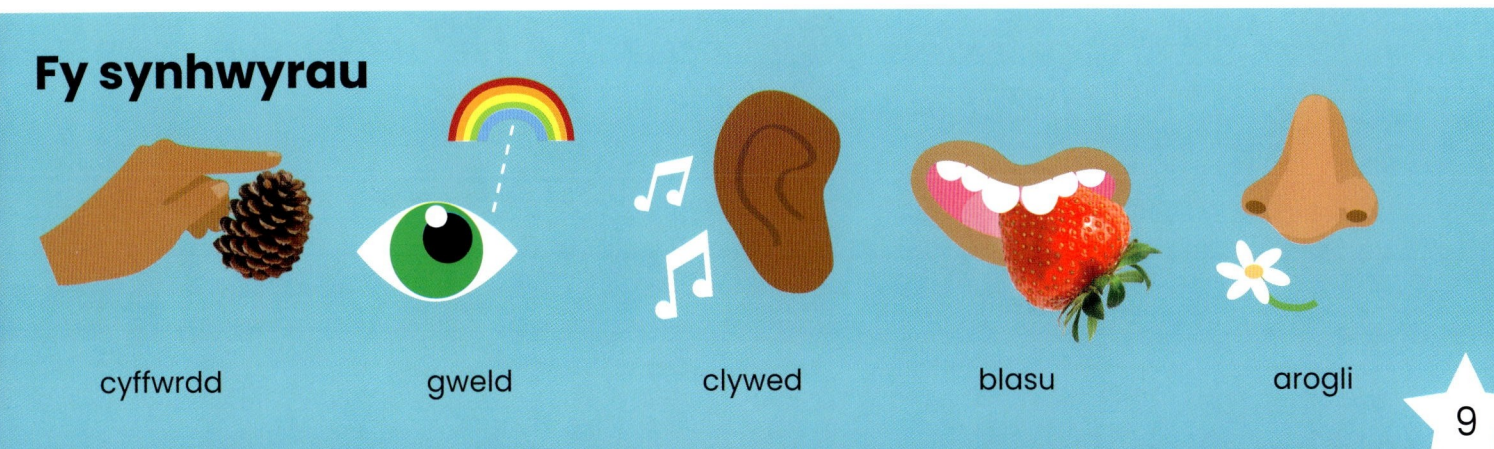

cyffwrdd — gweld — clywed — blasu — arogli

9

Teulu a ffrindiau

Mae pob math o **deuluoedd** ...

Rwy'n **caru** fy nheulu.

Rwy'n **gofalu am** fy mrawd bach.

Teidiau a neiniau

nain
nana
mama
naini
mam-gu

Rhieni

mami
mama
mam

dadi
dada
dad
tada

chwaer
plentyn

brawd
babi

Brodyr a chwiorydd

Pwy yw'r person **hynaf** yn dy deulu di?

Pwy yw'r **ieuengaf**?

Bwyd a diod

Pa **lysiau** wyt ti wedi eu bwyta heddiw?

Dewisa dri o'r bwydydd hyn i greu **salad**.

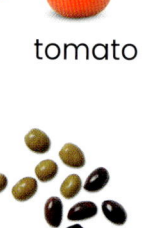

Ffrwythau
- grawnwin
- pinafal
- banana
- afal
- lemwn
- mefus
- melon dŵr
- oren

Llysiau
- tatws
- ffa gwyrdd
- blodfresychen
- moronen
- pupur coch
- winwns/nionod
- pwmpen
- pys
- bresych
- brocoli
- tomato
- ciwcymber
- olewydd
- letys
- seleri

Danteithion
- bisgedi
- cacennau bach
- cacennau crwst
- hufen iâ

Diwrnod prysur

Mae **Jac** yn deffro am **8 o'r gloch**.

Mae **Jac** yn bwyta **uwd** a **banana** i frecwast.

Mae **bwyd** gan ei **gwningen degan** hefyd!

Wedyn **mae Jac yn gwisgo**.

Yn y tŷ

Weli di **bump tedi**?

ystafell wely
- llenni
- cwpwrdd dillad
- clustog
- cloc larwm
- lamp
- gwely
- ffenest
- llyfrau
- mat
- bag ffa
- teganau
- llawr
- bwrdd bach

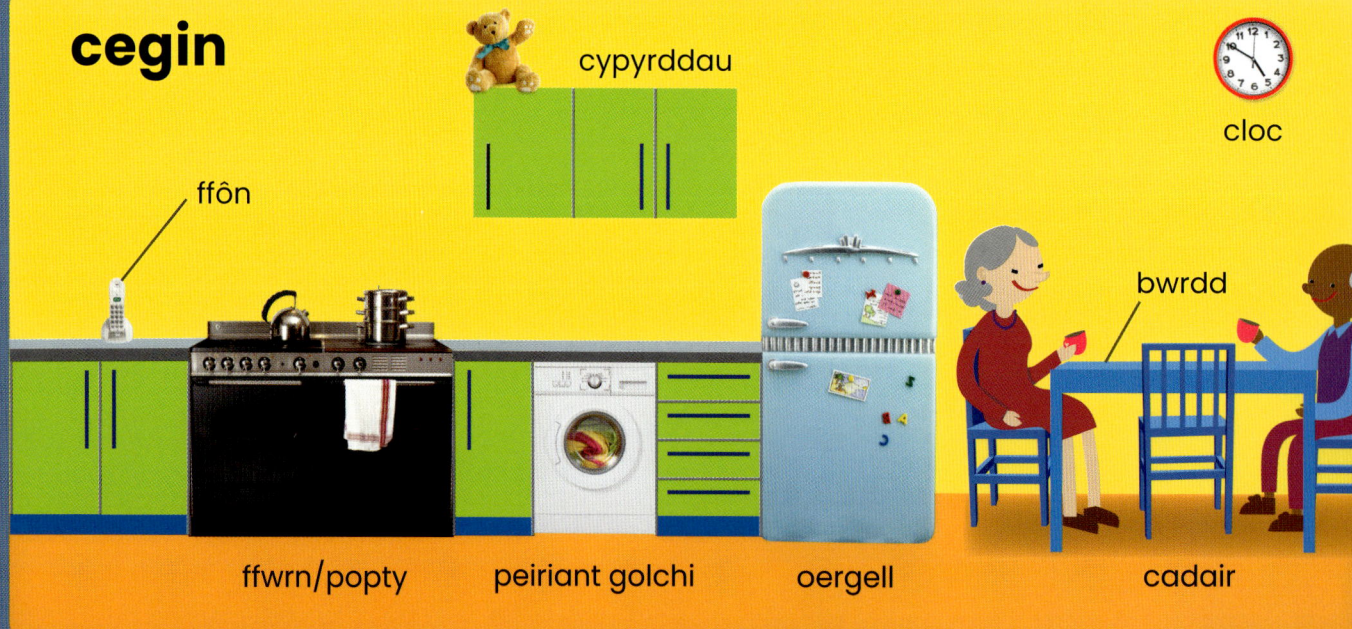

cegin
- cypyrddau
- cloc
- ffôn
- bwrdd
- ffwrn/popty
- peiriant golchi
- oergell
- cadair

Dewisa **le cysurus** i ddarllen llyfr.

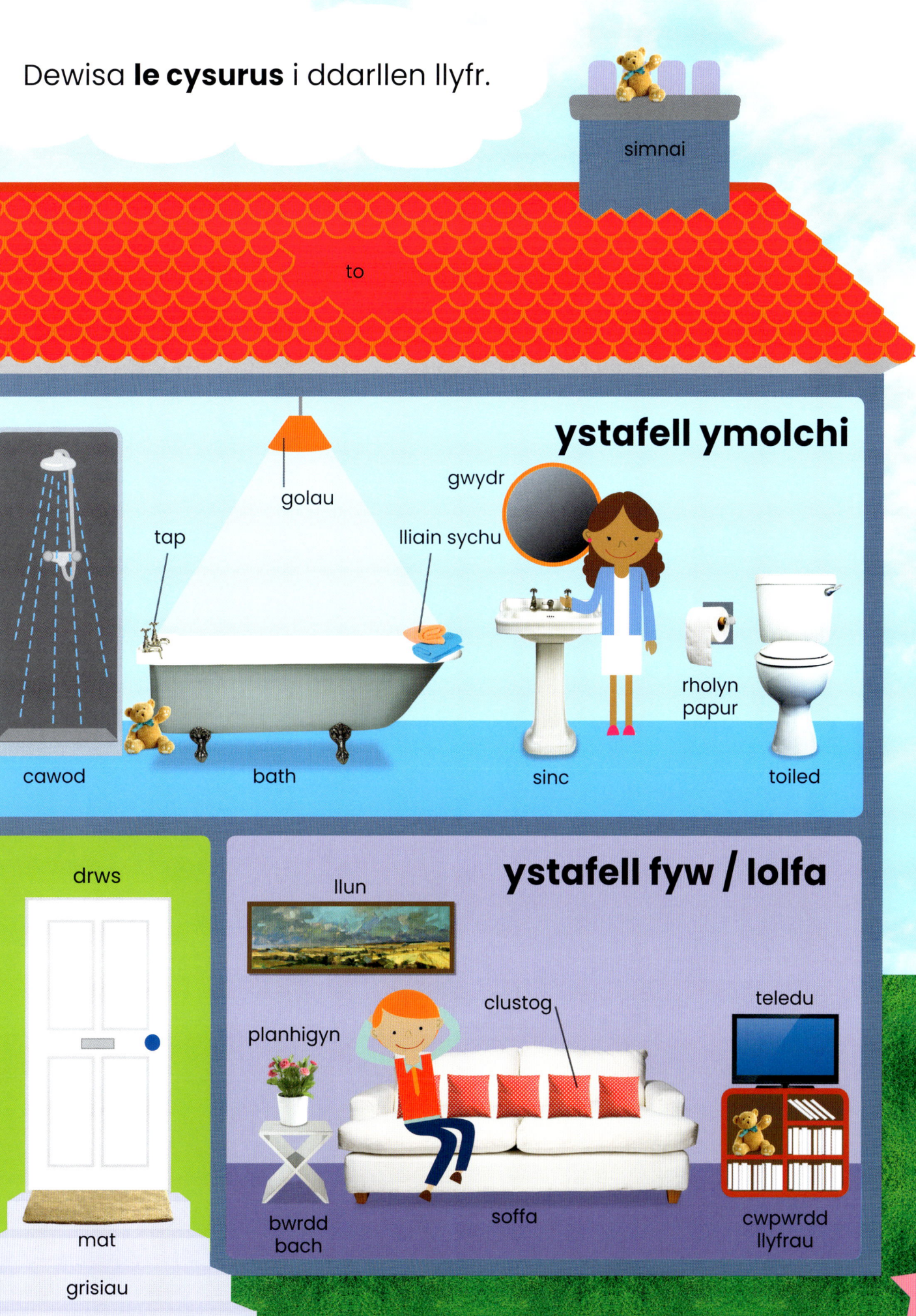

Teganau ac amser chwarae

Gan ba degan mae **cynffon hir**, **bigog**, a chan ba un mae **clustiau mawr, meddal**?

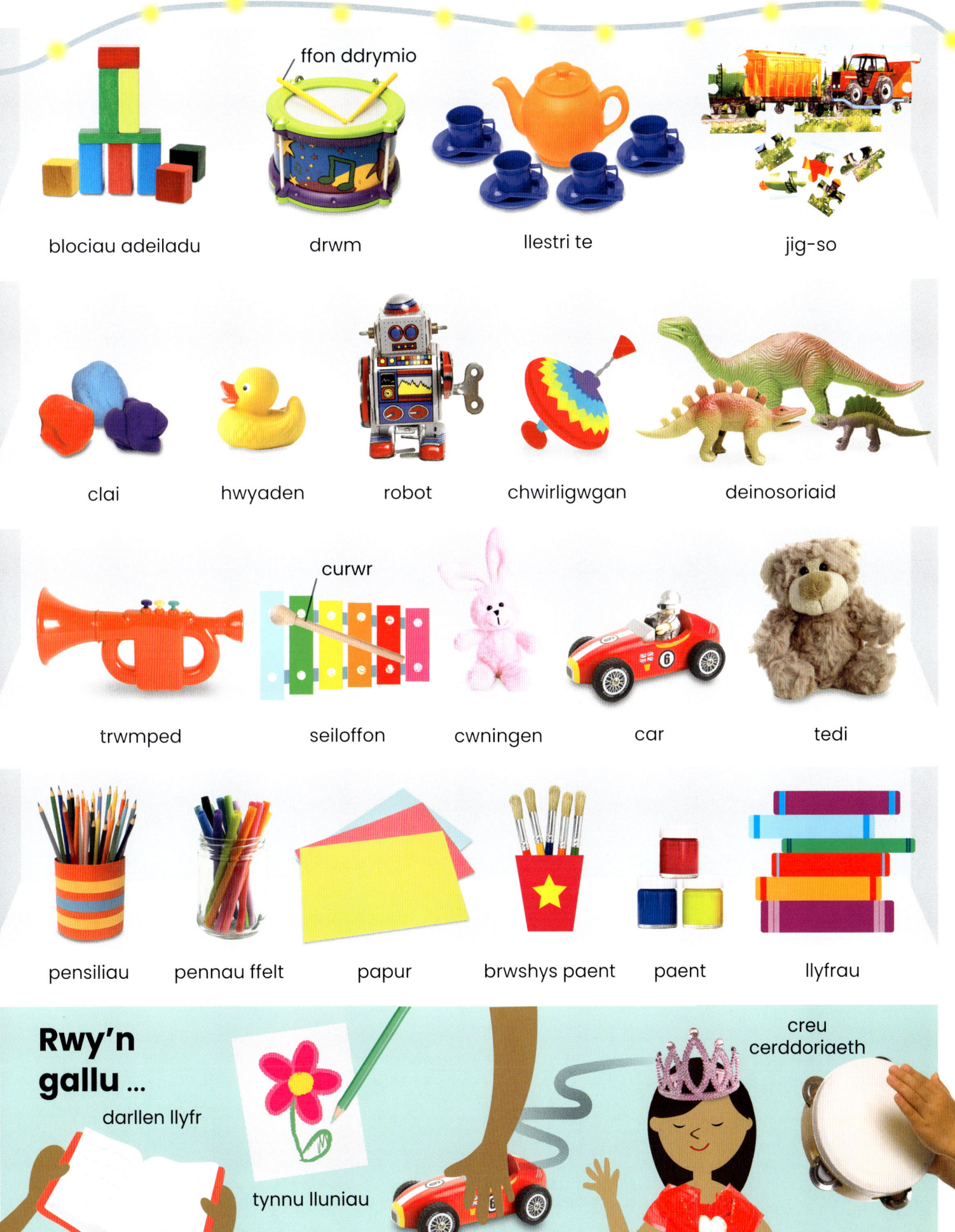

cwpan a soser

gwydr jwg

llwy bren

chwisg

perlysiau

cyllell finiog

bwrdd torri mwg tostiwr

padell ffrio powlen gymysgu

gratiwr sosban torwyr bisgedi

Yn y gegin rydyn ni'n ...

paratoi bwyd

coginio bwyd

pobi cacennau a danteithion

golchi llestri

glanhau

gosod y bwrdd

bwyta

yfed

Chwilia am rywbeth **smotiog** a rhywbeth **streipiog**.

Hoff anifeiliaid anwes

Pa **anifail anwes** fyddet ti'n hoffi gofalu **amdano**?

- bwji
- cawell
- pysgodyn aur
- olwyn bochdew
- bochdew
- tanc pysgodyn
- coler
- cawell anifail anwes
- cath
- cawell bochdew
- ci
- ci bach
- mochyn cwta
- cwt
- cwningen
- dail sbigoglys
- gwely ci
- powlen ci
- asgwrn tegan
- gwair
- llygoden degan
- cath fach
- powlen cath
- tennyn

24

Stori Tinc

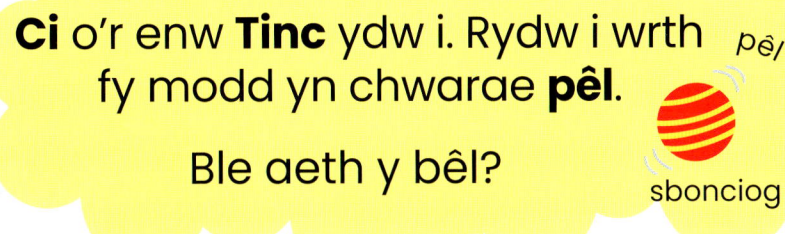

Ci o'r enw **Tinc** ydw i. Rydw i wrth fy modd yn chwarae **pêl**.

Ble aeth y bêl?

pêl

sbonciog

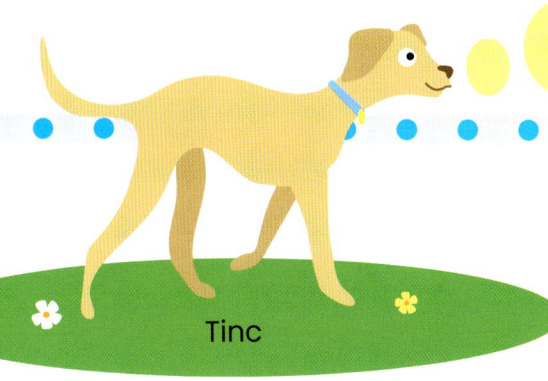

Tinc

Ydy hi **ar bwys** y **gath gysglyd**?

cath gysglyd

Ydy hi **ar ben y cwt**?

cwt cwningen   cwningen

Ydy hi **yn** y **pwll tywod**?

cestyll tywod

bwced

pwll tywod

rhaw

mainc

Ydy hi **o dan** y **fainc**? Ydy!

pêl

Tinc hapus!

ci bach cyfeillgar

Bow wow! Edrycha pwy sydd wedi dod i chwarae **pêl** gyda fi.

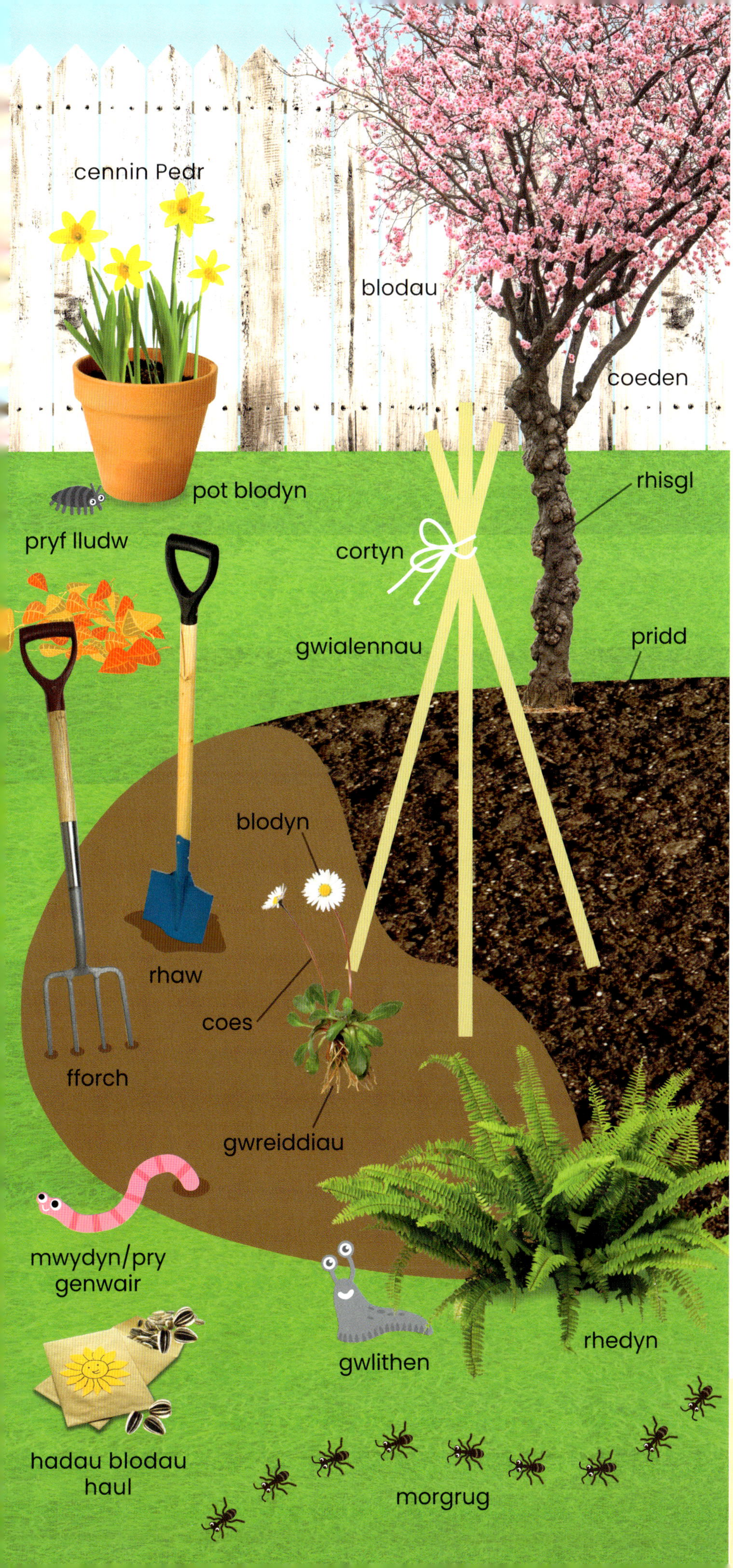

cennin Pedr

blodau

coeden

pot blodyn

pryf lludw

cortyn

rhisgl

gwialennau

pridd

blodyn

rhaw

coes

fforch

gwreiddiau

mwydyn/pry genwair

rhedyn

gwlithen

hadau blodau haul

morgrug

Yn yr ardd rydyn ni'n ...

palu pridd

plannu hadau a blodau

dyfrio'r planhigion

torri'r lawnt

casglu'r dail

Gan ba greadur yn yr ardd mae **wyth coes**?

Disgrifio pobl

Llygaid o bob math ...

Gwallt o bob math ...

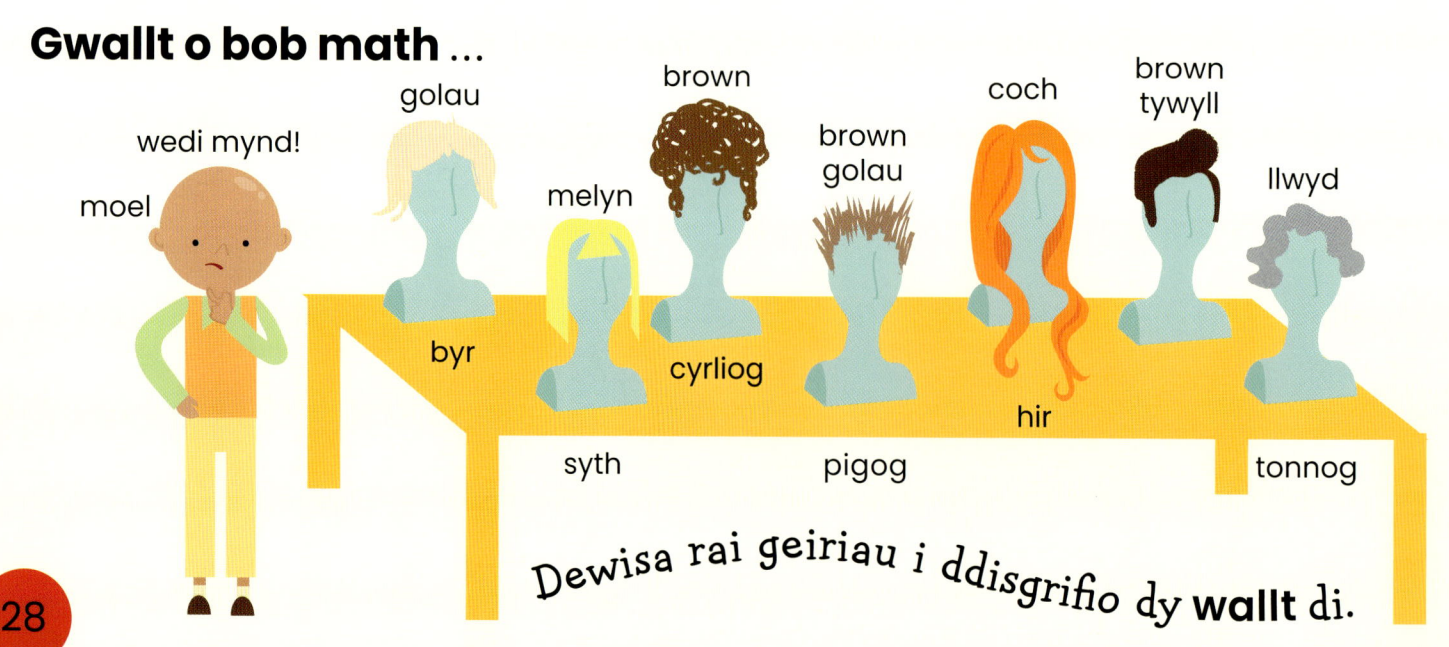

Dewisa rai geiriau i ddisgrifio dy **wallt** di.

Yn y ddinas

I ble wyt ti eisiau mynd **am dro**?

rhaeadr

milfeddygfa

theatr

sinema

bwyty cludfwyd

canolfan siopa

siop fara

marchnad

siopwyr

synagog

safle adeiladu

ysbyty

gorsaf heddlu

meddygfa

banc

bwyty

amgueddfa

cigydd

deintydd

siop lysiau

heol

tacsi

mainc

traeth

Chwarae ysgol

Mae **Tedi Twt** yn cerdded i'r **ysgol** gyda **Dad**.

Mae'r **athro**'n gwenu ac yn dweud **helô**.

Mae **Tedi Twt** yn rhoi ei **chôt** a'i **sach gefn** ar ei bachyn.

Mae pawb yn canu **cân bore da**.

darllen
llythrennau
ysgrifennu

Wedyn mae'n amser **darllen** ac **ysgrifennu**.

Ar ôl hynny, mae **Tedi Twt** yn peintio **llun**.

llun
peintio
îsl

rhifau
cyfrifiadur
desg

Wedi amser chwarae, mae Tedi Twt yn **gwneud gwaith rhifau**.

Nesaf mae'n **amser chwarae**.

sgipio
chwarae gêm

ffrindiau
Tedi Twt

Yna mae'n amser **mynd adref**. Mae Tedi Twt wedi gwneud sawl **ffrind** newydd.

athro
Hwyl fawr

Ar y fferm

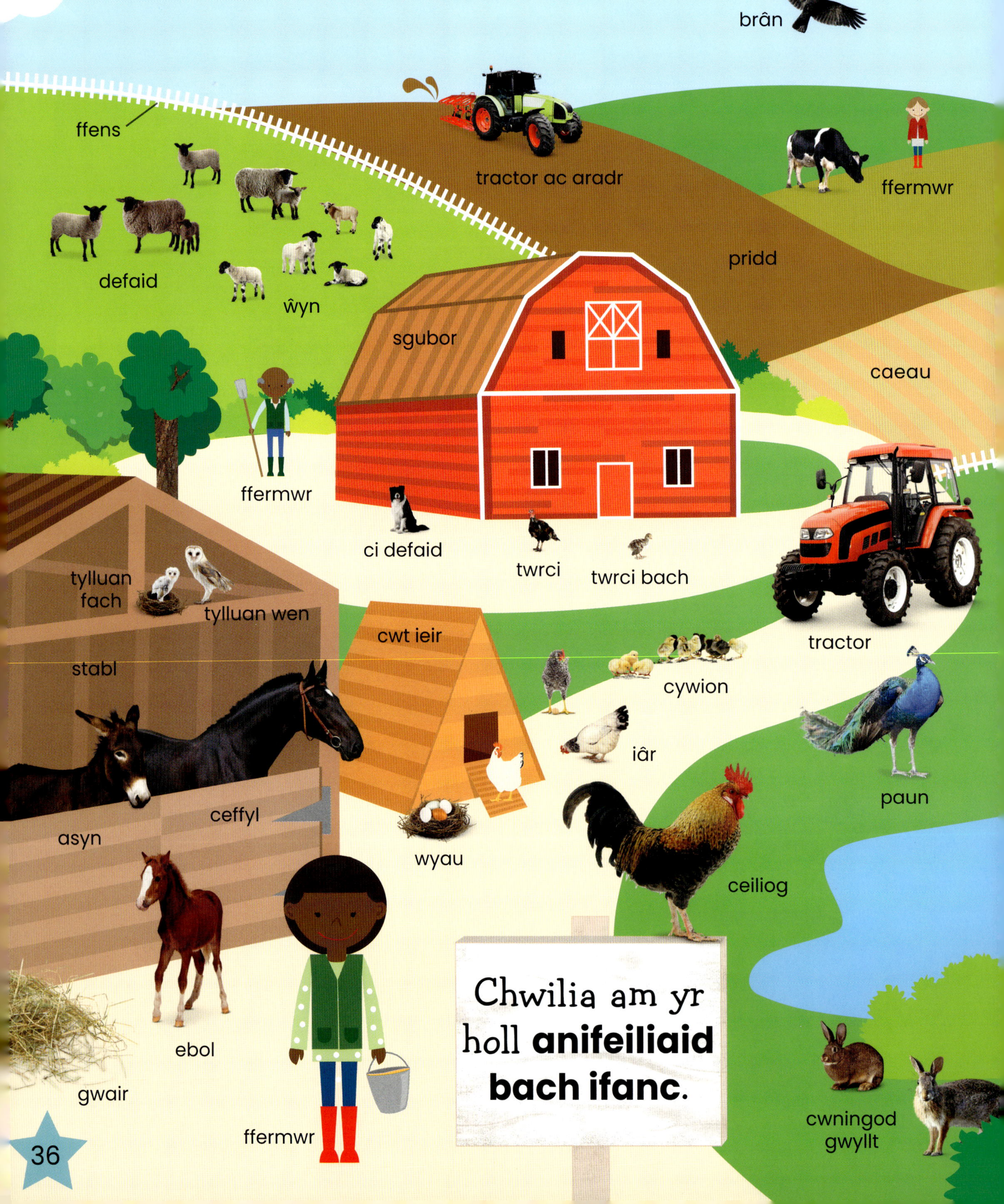

brân
ffens
tractor ac aradr
ffermwr
defaid
ŵyn
pridd
sgubor
caeau
ffermwr
ci defaid
twrci
twrci bach
tractor
tylluan fach
tylluan wen
cwt ieir
stabl
cywion
iâr
paun
asyn
ceffyl
wyau
ceiliog
ebol
gwair
ffermwr
Chwilia am yr holl **anifeiliaid bach ifanc.**
cwningod gwyllt

Weli di dri **ffermwr**?

gwartheg · lloi · byrnau mawr · combein

cwt mochyn · perchyll · moch · mwd · myn gafr · gafr · gŵydd · hwyaid · glaswydd · hwyaid bach · gwenyn · aderyn du · cwch gwenyn

Mae ffermwyr dros y byd yn tyfu …

planhigion reis

olewydd

india-corn

gwenith

afalau

gellyg

ffa coffi

planhigion te

pinafalau

bananas

Anifeiliaid yr afon a'r llyn

broga
dyfrgi
hwyaid gwylltion
elyrch a chywion elyrch
afanc
llygoden y dŵr
malwoden y dŵr

Chwilia am anifail â chroen **cennog** ...

Anifeiliaid y môr

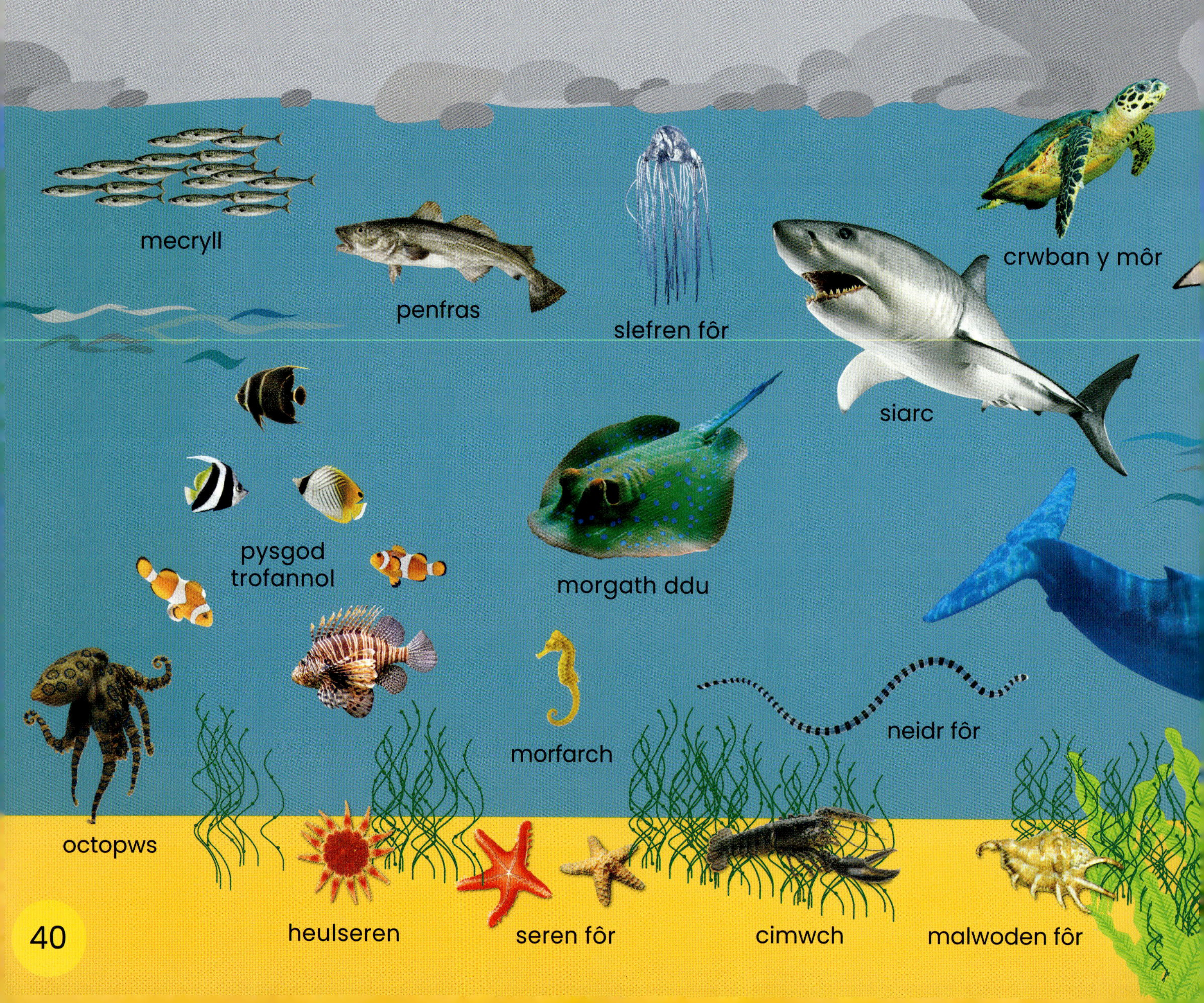

mecryll
penfras
slefren fôr
crwban y môr
siarc
pysgod trofannol
morgath ddu
neidr fôr
octopws
morfarch
heulseren
seren fôr
cimwch
malwoden fôr

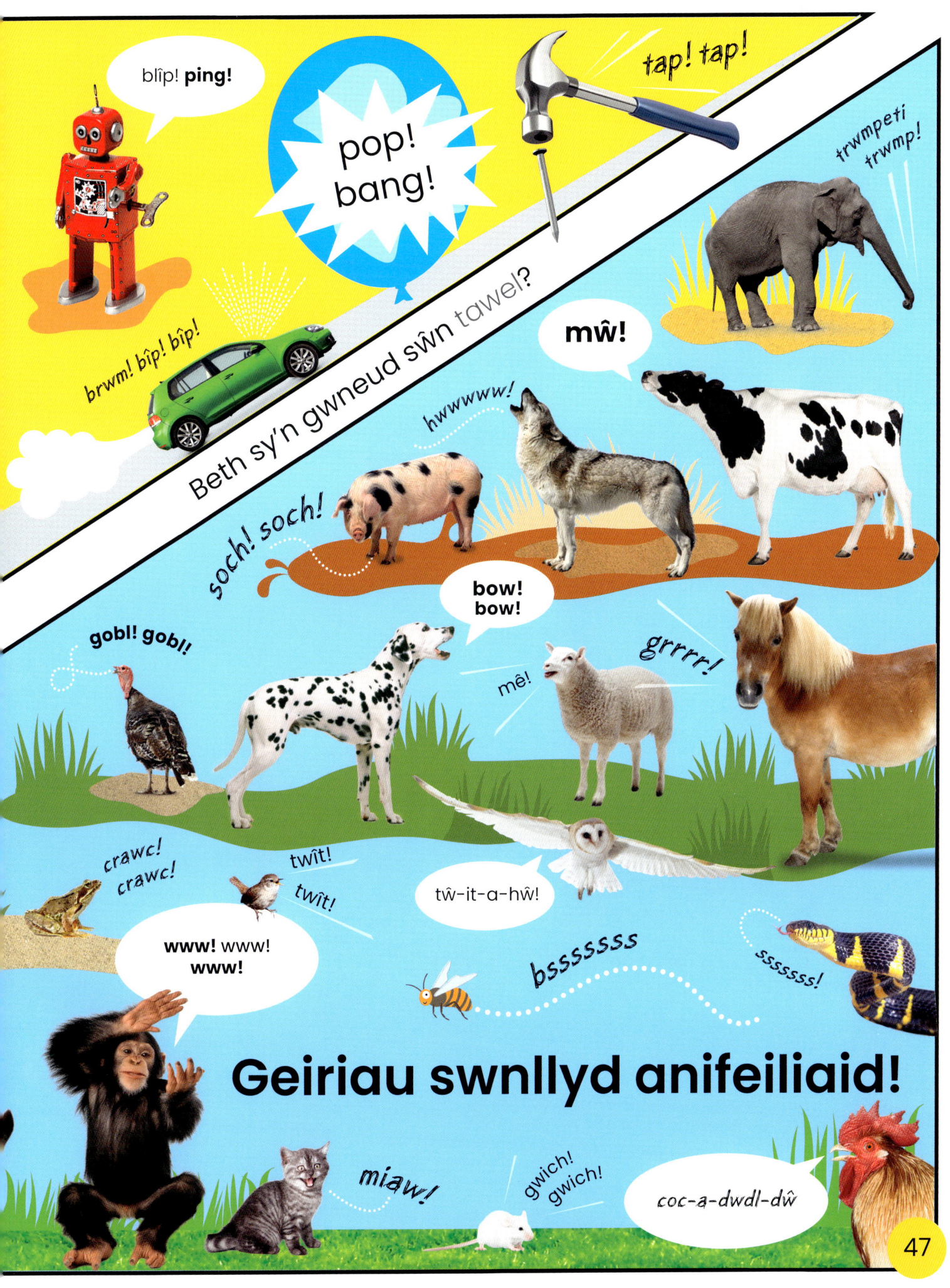

Pobl a'u swyddi

Pa **swydd** fyddet ti'n hoffi ei gwneud?

swyddog tân

meddyg

nyrs

cynllunydd ffasiwn

cantor

gwyddonydd

cerddor

deintydd

DJ
(troellwr disgiau)

arlunydd

triniwr gwallt

actor

gofodwr

adeiladwr

athro

llyfrgellydd

Pob math o lefydd

Lleuad

comed

Lle oer

iglŵ · pysgota iâ · arth wen

Dychmyga fod ar **antur**.

I ble'r ei di?

Safana

llewod · gafrewig · porfeydd

O dan y môr

plymiwr · cwrel · pysgodyn · siarc · llongddrylliad · gwely'r môr

Y Ddaear — gwennol ofod — sêr — Y Gofod — roced — Yr Haul

Yr anialwch

camel
sgorpion
cactws

Y goedwig law

coeden
parot
tarantwla
gwe

Nodweddion tir a môr

mynyddoedd

dyffryn

llyn

ynys

llosgfynydd

traeth

craig

aber

Lliwiau, siapiau a rhifau

Lliwiau

- melyn
- pinc
- gwyn
- llwyd
- du
- aur
- coch
- arian
- glas
- gwyrdd
- brown
- porffor
- oren
- lliwiau tywyll
- lliwiau golau

Beth yw dy **hoff liw**?

Siapiau

Ble mae'r siâp **cylch**?

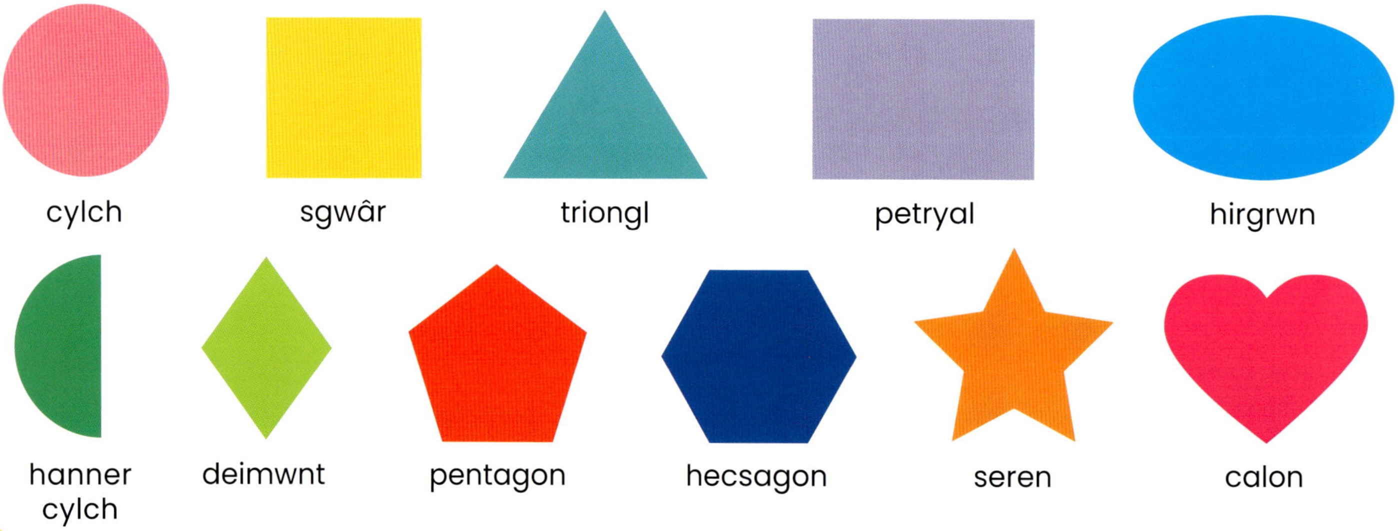

- cylch
- sgwâr
- triongl
- petryal
- hirgrwn
- hanner cylch
- deimwnt
- pentagon
- hecsagon
- seren
- calon

Rhifau

Sawl deilen werdd wyt ti'n gallu gweld?

0 sero	1 un	2 dau/dwy	3 tri/tair	4 pedwar/pedair	5 pump
6 chwech	7 saith	8 wyth	9 naw	10 deg
11 un deg un	12 un deg dau	13 un deg tri	14 un deg pedwar	15 un deg pump
16 un deg chwech	17 un deg saith	18 un deg wyth	19 un deg naw	20 dau ddeg

100 cant

1000 mil

1000000 miliwn

Amser, y tymhorau a'r tywydd

dydd

nos

Y misoedd

- Ionawr
- Chwefror
- Mawrth
- Ebrill
- Mai
- Mehefin
- Gorffennaf
- Awst
- Medi
- Hydref
- Tachwedd
- Rhagfyr

Y tymhorau

Gwanwyn

Haf

Hydref

Gaeaf

Dyddiau

- Dydd Llun
- Dydd Mawrth
- Dydd Mercher
- Dydd Iau
- Dydd Gwener
- Dydd Sadwrn
- Dydd Sul

Ym mha **fis** mae dy **ben-blwydd** di?

Rhai dathliadau

Penblwyddi 	Eid
Diwali	 Nadolig
Hanukkah	Blwyddyn Newydd

54

Y tywydd

poeth	heulog	oer	eira
gwlyb	glaw	sych	awyr las
enfys	pyllau dŵr	mellt a tharanau	stormus
niwlog	awel	gwyntog	cesair
niwlog	barugog	rhewllyd	storm eira

 Beth yw'r **tywydd** heddiw?

Beth am greu stori?

Y dechrau

Un tro ...
(nawr dewisa gymeriad)

Beth sy'n digwydd iddyn nhw?
Dewisa di.

marchog dewr

neu

archarwr

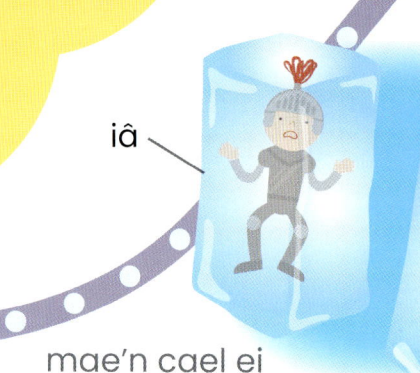
iâ

mae'n cael ei **rewi** mewn iâ

mae'n **syrthio i gysgu** ac yn methu deffro.

meic

mae'n methu stopio **canu**.

afal

mawr

bach

pitw

mae'n bwyta afal ac yn **mynd yn fach**.

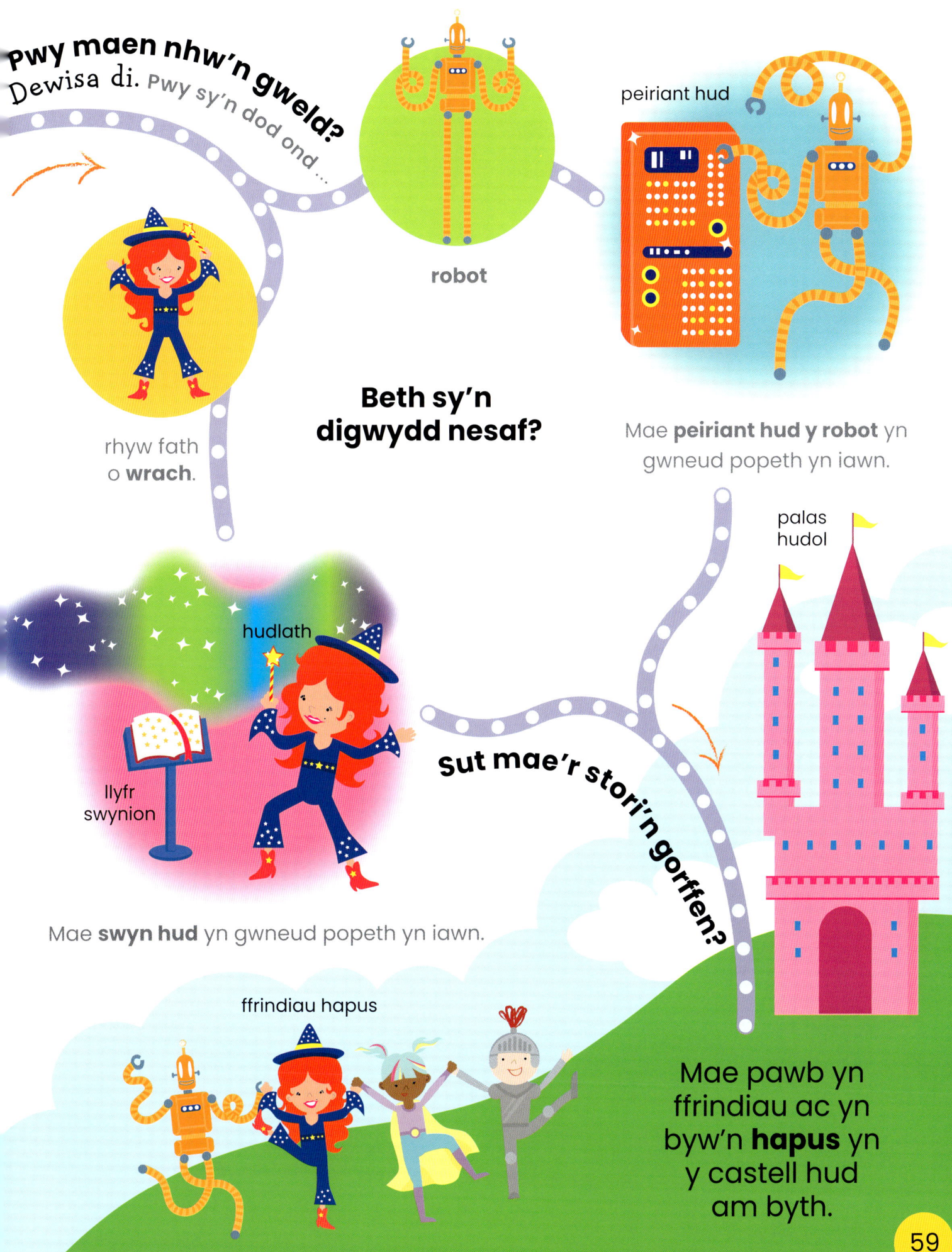

Geiriau gwych!

Wyt ti wedi **meddwl** erioed ...

beth yw geiriau?

Rydyn ni'n clywed geiriau fel **synau**.

 helô!

Rydyn ni'n eu hysgrifennu nhw fel **symbolau**.

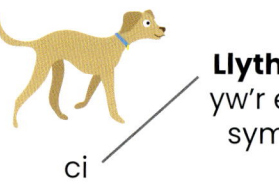
ci

Llythrennau yw'r enw ar y symbolau.

beth yw diben geiriau?

Mae bob gair yn **golygu** rhywbeth.

afal

Mae **afal** yn golygu ffwyth crensiog, suddog, crwn sy'n tyfu ar goed.

beth mae geiriau'n gwneud?

Mae geiriau'n **gwneud pethau gwahanol** mewn brawddeg.

Enwau yw geiriau sy'n **enwi** pethau.

Chwilia am yr **enwau** yma yn y llyfr ...

merch · tractor · gwyfyn · llyffant · hufen iâ

Berfau yw geiriau sy'n dweud beth mae rhywbeth yn **gwneud**.

Chwilia am yr **berfau** yma yn y llyfr ...

cerdded · peintio · gweld · sgipio · blasu

Ansoddeiriau Ansoddeiriau yw geiriau sy'n **disgrifio** rhywbeth.

Chwilia am yr **ansoddeiriau** yma yn y llyfr ...

gwlyb · cyrliog · cryf · hapus · sbonciog

Cydnabyddiaethau

Hoffai'r cyhoeddwr ddiolch i'r canlynol am yr hawl i ddefnyddio'u ffotograffau:

(Allwedd: u=uwchben; i=isod/gwaelod; c=canol; e=eithaf; ch=chwith; dd=dde; t=top; b=blaen)

5 Dreamstime.com: Mikelane45 (cchi). 6 123RF.com: Rawan Hussein | designsstock (ecchi/hufen iâ, fcdd); Sataporn Jiwjalaen (cu); Ruslan Iefremov / Ruslaniefremov (bcchu). Dorling Kindersley: Natural History Museum, London (bcch/pili-pala); Tata Motors (bccha, bich/Nano); Gary Ombler / Lister Wilder (cchi). Dreamstime.com: Jessamine (bich, cddi). 7 Dorling Kindersley: Natural History Museum, London (ecchi); Tata Motors (ic). 8 123RF.com: 6440925 (bich); Belchonock (bc/Eli haul); Pixelrobot (bidd); Kornienko (bc). Dreamstime.com: Georgii Dolgykh / Gdolgikh (idd). 10 123RF.com: Piotr Pawinski / ppart (bccha/Gwyrdd, bcch/Coch, ecchi/Brown, ecchi/Porffor). 10–11 Dreamstime.com: Fibobjects (i/Blodau). 11 123RF.com: Piotr Pawinski / ppart (tdd/Llwyd, cdd/Glas); Anatolii Tsekhmister / tsekhmister (tr). Dreamstime.com: Piyagoon (cddi). Fotolia: Fotojagodka (tdd/Cath). 12 123RF.com: Murali Nath / muralinathypr (cchi); Punkbarby (bcch). Dreamstime.com: Milos Tasic / Tale (cchi/Sport Shoes). 13 123RF.com: Burnel1 (tc); Natthawut Panyosaeng / aopsan (cu); Sataporn Jiwjalaen (ic). Dreamstime.com: Chiyacat (cra). iStockphoto.com: Tarzhanova (bcchu). 14 123RF.com: Angelstorm (cddu/Mefus); Rose-Marie Henriksson / rosemhenri (fcrb/Cacennau bach); Belchonock (ic/Seleri). Dreamstime.com: Tracy Decourcy / Rimglow (bcdd/Moron); Leszek Ogrodnik / Lehu (cddu/Afal, bcchu/Oren, c/Pupur Coch, ci/Brocoli, cddi/Bresychen); Elena Schweitzer / Egal (cddu/Blodfresychen, ic/ Letys); Grafner (br). 15 123RF.com: Karammiri (cchi); Utima (gch). Alamy Stock Photo: Peter Vrabel (ich). Dreamstime.com: Denlarkin (ecchi); Tarapatta (ca); Pogonici (cchu/Iogwrt). 17 123RF.com: Evgeny Karandaev (tl). 18 123RF.com: Andriy Popov (cb). 18–19 Dreamstime.com: Hai Huy Ton That / Huytonthat (i). 19 Dreamstime.com: Jamie Cross (ecchi); Svetlana Voronina (cu); Kettaphoto (ich). 20 Dreamstime.com: Stephanie Frey (cdd); Thomas Perkins / Perkmeup (cddi). 21 123RF.com: Birgit Korber / 2005kbphotodesign (c). Dorling Kindersley: Toymaker, Jomanda (bcdd). Dreamstime.com: Thomas Perkins / Perkmeup (bidd). 24 Dreamstime.com: Photka (idd). 26–27 123RF.com: Leo Lintang (t). Dreamstime.com: Hai Huy Ton That / Huytonthat. 26 123RF.com: Dmitriy Syechin / alexan66 (cchi, ich); Singkam Chanteb (ca). Dreamstime.com: Aprescindere (ic, ic/Rhosyn); Fibobjects (cddu); Aleksandar Jocic (c); Danny Smythe / Rimglow (cddi). AA Photolibrary: Stockbyte (cchu). 27 123RF.com: Lev Kropotov (tc); Keatanan Viya (ci). Dreamstime.com: Andreykuzmin (c); Andrzej Tokarski (cch). 30 123RF.com: Sergey Kolesnikov (ci); Oksana Tkachuk / ksena32 (cchi). Dreamstime.com: Steve Allen / Mrallen (cddu/Gwylan); Liligraphie (cddu); Sergey Uryadnikov / Surz01 (tdd); N Van D / Nataliavand (cchi/Pabi); Isselee (idd). 30–31 Fotolia: Malbert. iStockphoto.com: T_Kimura (t). 31 123RF.com: Oksana Tkachuk / ksena32 (cchu, ci). Dreamstime.com: Stephanie Frey (cddu); N Van D / Nataliavand (cch, c, cchi); Stevenrussellsmithphotos (cddi). iStockphoto.com: Aluxum (cchi/Broga). 36 123RF.com: BenFoto (cddi/Paun); Ron Rowan / framed1 (idd, ich/Cwningen). Dorling Kindersley: Philip Dowell (cla, cla/Dafad). Dreamstime.com: Anagram1 (tr); Eric Isselee (cchi); Jessamine (cb); Oleksandr Lytvynenko / Voren1 (ci/Cyw iâr); Goce Risteski (cu); Photobac (cddi). 37 123RF.com: Eric Isselee / isselee (cchi); Eric Isselee / isselee (cchu/Llo); Alexey Zarodov / Rihardzz (cddu/gwair). Dorling Kindersley: Alan Buckingham (cdd); Doubleday Swineshead Depot (cu/ Combein). Dreamstime.com: Eric Isselee (cchu/buwch); Eric Isselee (c); Yphotoland (cddi); Just_Regress (cddu); Damian Palus (cu). Fotolia: Eric Isselee (cu/buwch). Getty Images: Dougal Waters / Photographer's Choice RF (br). 38 123RF.com: Duncan Noakes (cch); Andrejs Pidjass / NejroN (tc); Ana Vasileva / ABV (c). Dorling Kindersley: Andrew Beckett (Illustration Ltd) (cdd); British Wildlife Centre, Surrey, UK (cddu/Carw). Dreamstime.com: Justin Black / Jblackstock (idd); Eric Isselee / Isselee (bcch); Cynoclub (ich); Isselee (bcchu). Fotolia: Eric Isselee (cddu/Cenau llew); Valeriy Kalyuzhnyy / StarJumper (tch); shama65 (cchu); Eric Isselee (iich); Eric Isselee (bic); Jan Will (iidd). 39 123RF.com: Vitalii Gulay / vitalisg (ca/Lizard); smileus (cr); Александр Ермолаев / Ermolaev Alexandr Alexandrovich / photodeti (c); Alexey Sholom (cch). Dorling Kindersley: Natural History Museum, London (cra/gwyfyn). Dreamstime.com: Hel080808 (cddi); Brandon Smith / Bgsmith (cu); Goinyk Volodymyr (tdd); Ryan Pike / Cre8tive_studios (cchu); Kazoka (ci); Valeriy Kalyuzhnyy / Dragoneye (cchi). Fotolia: Eric Isselee (tr/Coala); Eric Isselee (ic). Photolibrary: Digital Vision / Martin Harvey (cchi/Cenau teigr). 40 Alamy Stock Photo: Rosanne Tackaberry (iccha). Dorling Kindersley: Weymouth Sea Life Centre (ecchi). Dreamstime.com: Andybignellphoto (icchu); Paul Farnfield (cu); Jnjhuz (cddu); Isselee (tdd); Elvira Kolomiytseva (ci); Cynoclub (cchi/Pysgodyn); Veruska1969 (ic); Ethan Daniels (cddi); Berczy04 (gdd); Richard Carey (cdd). iStockphoto.com: Alxpin (cchi). 41 Alamy Stock Photo: WaterFrame (ci/Morfil Glas). Dreamstime.com: Tom Ashton (cddu); Matthijs Kuijpers (tc); Chinnasorn Pangcharoen (tdd); Margo555 (cla); Lext (cu); Vladimir Blinov (bccha); Snyfer (cu/Morlew); Isselee (cra/Morlo); Musat Christian (bcch); Caan2gobelow (cdd). iStockphoto.com: Cmeder (ci). 42 123RF.com: Gary Blakeley (gdd/Cwch cyflym); Veniamin Kraskov (cch); Somjring Chuankul (cchi); Kzenon (cddi). Dorling Kindersley: Tata Motors (cchu). Dreamstime.com: Maria Feklistova (tc); Melonstone (ic). 43 123RF.com: Artem Konovalov (cdd); Nerthuz (cchu). Corbis: Terraqua Images (cu). Dorling Kindersley: Hitachi Rail Europe (icchu). Dreamstime.com: Eugenesergeev (idd); Shariff Che\' Lah (cddu); Mlan61 (cb). New Holland Agriculture: (icch). 44 123RF.com: Scanrail (cchi/Trên). Dorling Kindersley: Andy Crawford / Janet a Roger Westcott (cdd/Car); Tata Motors (tdd). Dreamstime.com: Fibobjects (ich, cddu). 45 123RF.com: Acceptphoto (cchi/Lama). Alamy Stock Photo: Rosanne Tackaberry (crb/Hwyaden). Dorling Kindersley: Andy Crawford / Janet a Roger Westcott (tch). 46 123RF.com: Lev Dolgachov (ecchi); Olaf Schulz / Schulzhattingen (c). Dreamstime.com: Fotomirc (ic/Ceiliog); Jmsakura / John Mills (cdd); Eric Isselee (ic); Isselee (idd). Fotolia: Malbert (ci/Dŵr). Getty Images: Don Farrall / Photodisc (ci). 46–47 Dreamstime.com: Glinn (i). 47 Dorling Kindersley: Odds Farm Park, Buckinghamshire (cu/Mochyn). Dreamstime.com: Anna Utekhina / Anna63 (ich); Maksim Toome / Mtoome (cchu); Yudesign (tc); Uros Petrovic / Urospetrovic (bcchu); Eric Isselee (bcchu/Buwch); Chris Lorenz / Chrislorenz (cu); Rudmer Zwerver / Creativenaturel (ecchi); Mikelane45 (cchi); Jagodka (ic). 50 Dorling Kindersley: Greg ac Yvonne Dean (cddi); Jerry Young (cu). 51 Dreamstime.com: Ali Ender Birer / Enderbirer (tch). 52 Dreamstime.com: Alinamd (t); Snake3d (b). 53 123RF.com: Dmitriy Syechin / alexan66 (cdd); Jessmine (bcchu). Dreamstime.com: Dibrova (bcdd); Jlcst (cch); Ralf Neumann / Ingwio (cddu); Irochka (c); Qpicimages (cr/Deilen hibisgws); Paulpaladin (cdd/Deilfen fintys). 54 123RF.com: Mikekiev (dd). 55 Dorling Kindersley: Andy Crawford / Janet a Roger Westcott (ich). 56 123RF.com: Eric Isselee (cchu); Boris Medvedev (c). Dreamstime.com: Iakov Filimonov (ci); Alexander Potapov (cch/Shoe). Fotolia: Malbert (cch). Getty Images: C Squared Studios / Photodisc (cu). 56–57 iStockphoto.com: Rodnikovay. 57 123RF.com: Andreykuzmin (cu/Tarian); Blueringmedia (tdd); Oliver Lenz (ci); Konstantin Shaklein (ci); Jehsomwang (cddi). Depositphotos Inc: mreco99 (cddu). Dorling Kindersley: Wallace Collection, Llundain (cu/Arfwisg). Fotolia: Malbert (cu). 60 Dorling Kindersley: Natural History Museum, Llundain (ci). Dreamstime.com: Artigiano (cddi/Mefusen); Grafner (cddi). New Holland Agriculture: (ci/Tractor). 61 123RF.com: Scanrail (bcchu). Dorling Kindersley: Natural History Museum, Llundain (ecchi); Tata Motors (ic, bcddi). Dreamstime.com: Jessamine (ich, icddi/Nyth).

Lluniau clawr: Blaen: 123RF.com: Parinya Binsuk / parinyabinsuk cb, Ruslan Iefremov / Ruslaniefremov cchi/ (rhaeadr), Scanrail cb/ (trên); Corbis: Terraqua Images cchi/ (hofrennydd); Dorling Kindersley: Natural History Museum, Llundain tch/ (pilipala), Tata Motors tdd; Dreamstime.com: Andygaylor cchi, Borislav Borisov ci/ (aderyn), Jessamine tch/ (nyth), Anke Van Wyk tch; iStockphoto.com: ZargonDesign cch; Cefn: 123RF.com: Parinya Binsuk / parinyabinsuk ci, Rawan Hussein Idesignsstock cch/ (hufen iâ), Ruslan Iefremov / Ruslaniefremov cchi/ (rhaeadr), Sataporn Jiwjalaen / onairjiw tch/ (sbectol haul), Scanrail ci/ (trên); Corbis: Terraqua Images cchi/ (hofrennydd); Dorling Kindersley: Natural History Museum, London cddu, Tata Motors tdd; Dreamstime.com: Andygaylor cchi, Borislav Borisov ci/ (aderyn), Xaoc tch; iStockphoto.com: ZargonDesign cch

Pob llun arall © Dorling Kindersley

Dal ati i ddysgu geiriau! Maen nhw'n **ddefnyddiol** iawn.